马兰花创业培训

# 网络创业
## 培训讲师手册
（直播版）

中国就业培训技术指导中心　组织编写

中国劳动社会保障出版社

图书在版编目(CIP)数据

网络创业培训讲师手册：直播版 / 中国就业培训技术指导中心组织编写. -- 北京：中国劳动社会保障出版社，2025. -- ISBN 978-7-5167-7173-0

Ⅰ. F713.365.2

中国国家版本馆 CIP 数据核字第 2025WV6177 号

网络创业培训讲师手册（直播版）

WANGLUO CHUANGYE PEIXUN JIANGSHI SHOUCE（ZHIBO BAN）

中国劳动社会保障出版社出版发行

（北京市惠新东街 1 号　邮政编码：100029）

\*

北京市白帆印务有限公司印刷装订　新华书店经销

880 毫米 × 1230 毫米　16 开本　3.5 印张　53 千字
2025 年 7 月第 1 版　2025 年 7 月第 1 次印刷

定价：15.00 元

营销中心电话：400-606-6496

出版社网址：https://www.class.com.cn

版权专有　　侵权必究

如有印装差错，请与本社联系调换：（010）81211666
我社将与版权执法机关配合，大力打击盗印、销售和使用盗版图书活动，敬请广大读者协助举报，经查实将给予举报者奖励。

举报电话：（010）64954652

# 编审委员会

主　　任：王　颖

委　　员：张　薇　贾成千　管　颖　程诗雨

编审人员：（按姓氏拼音排列）

巴日夫　常　蓉　陈　莎　陈世会　邓军华

冯　卓　黄　磊　梁　峰　孙　羽　遆　佳

王继华　王小伟　杨　荣　张恩果　祝　莉

# 前　言

为规范和指导马兰花创业培训项目的直播版网络创业培训，提升讲师教学与指导能力，中国就业培训技术指导中心组织专家开发了《网络创业培训讲师手册（直播版）》，包括网络创业培训（直播）讲师核心职责与开发管理、学员培训周期、学员班教学计划三部分内容。

"网络创业培训（直播）讲师核心职责与开发管理"部分，系统梳理了直播版网络创业培训讲师的职责范围、选拔培养流程以及管理规范；"学员培训周期"部分，详细介绍了从项目推介、学员选择，到实施培训、后续服务等各个环节的技术要点，确保学员培训过程的规范；"学员班教学计划"部分，规划了学员培训的课程安排，对每节课程的教学目标、授课方法以及视觉教具配置都做了安排，助力提升学员培训质量。

《网络创业培训讲师手册（直播版）》仍可能存在不足，期待大家能将使用过程中发现的问题反馈给我们，您的宝贵意见是推动马兰花创业培训项目持续发展的动力。

中国就业培训技术指导中心

# 目 录

## 第一部分 网络创业培训（直播）讲师核心职责与开发管理 …… 1

1. 什么是网络创业培训（直播）讲师 …… 1
2. 网络创业培训（直播）讲师的职责 …… 2
3. 网络创业培训（直播）讲师培训与管理 …… 2

## 第二部分 网络创业培训（直播）学员培训周期 …… 7

1. 培训周期第一步：项目推介 …… 7
2. 培训周期第二步：学员选择 …… 10
3. 培训周期第三步：培训需求分析 …… 12
4. 培训周期第四步：实施培训 …… 13
5. 培训周期第五步：后续服务 …… 17
6. 培训周期第六步：监督与评估 …… 19

## 第三部分 网络创业培训（直播）学员班教学计划 …… 21

第1课 开班 …… 23
第2课 认识直播创业 …… 24
第3课 直播创业项目选择与分析 …… 26
第4课 直播创业筹划（上） …… 28

第5课　直播创业筹划（下） …………………………………………………… 30

第6课　直播运营 …………………………………………………………………… 32

第7课　直播实施（上） …………………………………………………………… 34

第8课　直播实施（中） …………………………………………………………… 35

第9课　直播实施（下） …………………………………………………………… 37

第10课　直播推广（上） ………………………………………………………… 39

第11课　直播推广（中） ………………………………………………………… 41

第12课　直播推广（下） ………………………………………………………… 42

第13课　第三方直播实践 ………………………………………………………… 43

第14课　直播运营优化 …………………………………………………………… 44

**附录　网络创业培训（直播）术语一览表** …………………………………… 46

# 第一部分 网络创业培训（直播）讲师核心职责与开发管理

## 1. 什么是网络创业培训（直播）讲师

网络创业培训（直播）讲师是指参加由人力资源社会保障部门统一组织的网络创业培训（直播）讲师培训班并通过考核，取得由地方人力资源社会保障部门创业培训主管部门（以下简称"创业培训主管部门"）核发的"网络创业培训（直播）讲师培训合格证书"的人员，主要承担网络创业培训（直播）学员培训授课任务和后续指导工作。

网络创业培训（直播）讲师是网络创业培训（直播）师资的重要组成部分。网络创业培训（直播）师资包括网络创业培训（直播）培训师和网络创业培训（直播）讲师两个群体，如图1-1所示。

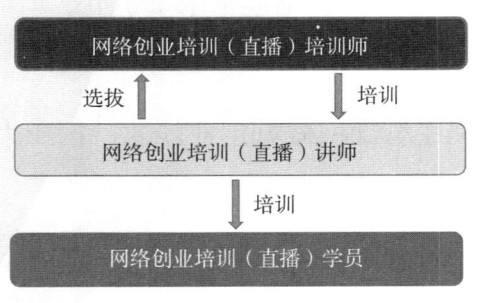

图1-1 网络创业培训（直播）师资

网络创业培训（直播）培训师是指参加由人力资源社会保障部中国就业培训技术指导中心（以下简称"部中心"）按照《网络创业培训（直播）技术要点》统一组织的网络创业培训（直播）培训师选拔及培训，取得由部中心核发的"网络创业培训（直播）培训师证书"的人员，主要承担网络创业培训（直播）讲师的开发、监督和指导等工作，以及为地方创业培训主管部门提供相关技术支持和指导。

## 2. 网络创业培训（直播）讲师的职责

网络创业培训（直播）讲师的职责主要包括以下 5 个方面。

2.1 配合当地创业培训主管部门和培训机构做好网络创业培训（直播）课程推介、宣传工作。

2.2 配合培训机构组织开展网络创业培训（直播）学员班教学，主要包括以下内容：

2.2.1 学员选择。

2.2.2 培训需求分析。

2.2.3 实施培训。

2.2.4 培训指导。

2.2.5 组织成果提交。

2.3 配合培训机构做好网络创业培训（直播）后续跟踪与指导服务。

2.4 做好培训质量监督与评估。

2.4.1 运用监督评估工具对学员班全程培训进行监督与评估，并收集信息。

2.4.2 完成培训出勤考核、课堂表现考核和培训效果考核等监督与评估工作。

2.4.3 定期组织培训效果评估（包括但不限于学员、培训机构、讲师和技术支持方等维度）。

2.5 配合当地创业培训主管部门做好创业沙龙、创业大讲堂、创业博览会、创业培训讲师大赛、师资技术研讨交流等工作。

## 3. 网络创业培训（直播）讲师培训与管理

### 3.1 网络创业培训（直播）讲师申请条件

3.1.1 遵守法律法规，身体健康，思想品德和职业素养高尚，热爱创业培训，具备较强的学习、沟通、合作等综合能力。

3.1.2 拥有大学本科及以上学历或互联网相关专业中级及以上专业技术职务任职资格，有互联网创业经历者可适当放宽要求。

3.1.3 持有"创业培训(SIYB)讲师培训合格证书"。

3.1.4 熟悉网络创业或直播行业,具备网络创业相关知识与计算机基本操作能力。

3.1.5 具有成人培训相关经验。

3.1.6 无违纪和被投诉情况。

3.1.7 承诺能够服从当地创业培训主管部门选派,承担学员培训授课任务及网络创业培训(直播)相关工作。

### 3.2 网络创业培训(直播)讲师培训周期

网络创业培训(直播)讲师培训与 SIYB 创业培训讲师培训相同,也需经历一个完整的培训周期,包括面试筛选、培训需求分析、实施培训、后续服务及监督与评估,如图 1-2 所示。

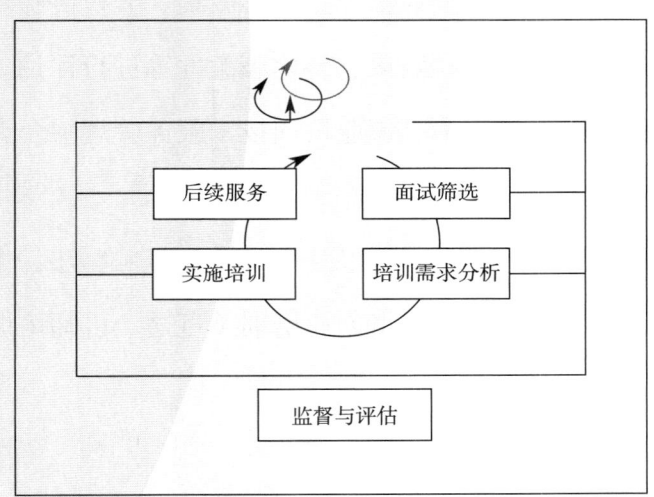

图 1-2 网络创业培训(直播)讲师培训周期

### 3.3 网络创业培训(直播)讲师培训核心要求

#### 3.3.1 培训人数

网络创业培训(直播)讲师培训采取小班互动式教学,为确保培训质量,讲师培训班每班不超过 30 人。

#### 3.3.2 授课培训师

每期讲师培训班由 2 名培训师共同授课。主办单位应在开班前至少 1 周向部中心提交讲师培训申请,部中心根据申请统一选派授课培训师。培训期间,主办单位应为授课培训师提供免费食宿安排。授课培训师完成培训任务可领取课酬。

### 3.3.3 课时要求

为确保培训质量，网络创业培训（直播）讲师培训采取集中封闭式授课，并提供标准课程安排，明确课时要求和教学内容。网络创业培训（直播）讲师培训原则上不少于10天，80课时。培训期间讲师每晚以互助学习小组[①]形式完成翻转课堂[②]内容，时间不限，以完成当天实践任务[③]为准。

### 3.3.4 考勤要求

参加网络创业培训（直播）讲师培训，需严格遵守课堂纪律，严禁旷课、迟到、早退，原则上无故旷课或请假总时长超过4课时将不能参加考核。

### 3.3.5 监督与评估

授课培训师在培训期间利用监督评估工具全程收集、分析讲师培训活动信息，并在此基础上对讲师培训进展情况、培训效果、整体满意度等进行评估。网络创业培训（直播）讲师培训监督与评估可通过部中心创业培训技术服务管理平台完成。

### 3.3.6 考核要求

考核分为理论考试[④]、试讲[⑤]、实践成果及规划书[⑥]。理论考试、试讲、实践成果及规划书都合格视为考核合格，可获得"网络创业培训（直播）讲师培训合格证书"。

---

① 互助学习小组：是由培训师根据讲师的知识技能等条件，组织创建的一种促进讲师交流、互助、提升学习效率的分组形式。
② 翻转课堂：是将部分学习内容前置，引导讲师通过在线平台自主学习并完成既定实践任务的一种教学模式。
③ 实践任务：由培训师布置给讲师的翻转课堂学习和在线平台实操任务。
④ 理论考试：时间为60分钟，满分100分，60分及以上为合格，计入讲师考评成绩。
⑤ 试讲：讲师依照提前抽取到的顺序签和试讲题签，在规定时间内完成抽取题目的准备和试讲。授课培训师及其他讲师对其试讲表现进行点评和评分，满分5分，4分及以上为合格，计入讲师考评成绩。
⑥ 实践成果及规划书：由讲师在培训结束前登录教学辅助平台管理系统录入实践成果信息，包括模拟直播平台信息和真实第三方平台直播信息，以及直播规划书等。培训师根据"网络创业培训（直播）实践成果评分标准"对提交的实践成果进行评分，实践成果满分100分，60分及以上为合格，计入讲师考评成绩。

## 3.4 网络创业培训（直播）讲师班培训课程安排

| 日期 | 时间 | 教学内容 |
| --- | --- | --- |
| 第一天 | 09：00—12：00 | 1. 开班式<br>2. 建立互助学习小组<br>3. 项目介绍<br>第一章　认识直播创业 |
| | 14：30—17：30 | 第二章　直播创业项目选择与分析 |
| | 晚上 | 实践任务 |
| 第二天 | 09：00—12：00 | 第三章　直播创业筹划 |
| | 14：30—17：30 | 第四章　直播运营 |
| | 晚上 | 实践任务 |
| 第三天 | 09：00—12：00 | 第五章　直播实施（上） |
| | 14：30—17：30 | 第五章　直播实施（下） |
| | 晚上 | 实践任务 |
| 第四天 | 09：00—12：00 | 第六章　直播推广 |
| | 14：30—17：30 | 第六章　直播推广（实践） |
| | 晚上 | 实践任务 |
| 第五天 | 09：00—12：00 | 第三方直播平台直播演练<br>第七章　直播运营优化 |
| | 14：30—17：30 | 1. 培训周期<br>2. 课程复盘<br>3. 试讲抽签 |
| 第六天 | 09：00—12：00 | 学员试讲备课 |
| | 14：30—17：30 | 学员试讲备课 |
| | 晚上 | 学员试讲备课 |
| 第七天 | 09：00—12：00 | 学员试讲与培训师点评（5人） |
| | 14：30—17：30 | 学员试讲与培训师点评（5人） |
| 第八天 | 09：00—12：00 | 学员试讲与培训师点评（5人） |
| | 14：30—17：30 | 学员试讲与培训师点评（5人） |
| 第九天 | 09：00—12：00 | 学员试讲与培训师点评（5人） |
| | 14：30—17：30 | 学员试讲与培训师点评（5人） |

续表

| 日期 | 时间 | 教学内容 |
|---|---|---|
| 第十天 | 09：00—12：00 | 1. 实践成果及规划书提交<br>2. 理论考试 |
| | 14：30—17：30 | 1. 结束评估与行动计划<br>2. 结班仪式 |

### 3.5　网络创业培训（直播）讲师管理

网络创业培训（直播）讲师由当地创业培训主管部门统一管理。当地创业培训主管部门要做好网络创业培训（直播）讲师的登记、培训记录、派遣、提升培训及选评认证等相关工作。部中心及省级创业培训主管部门将掌握讲师工作状态和培训效果评估结果，组织相关后续开发、管理工作。

# 第二部分　网络创业培训（直播）学员培训周期

网络创业培训（直播）学员培训周期（以下简称"培训周期"）是指组织一期网络创业培训（直播）学员班所涉及的各个步骤，包括项目推介、学员选择、培训需求分析、实施培训、后续服务及监督与评估，如图2-1所示。

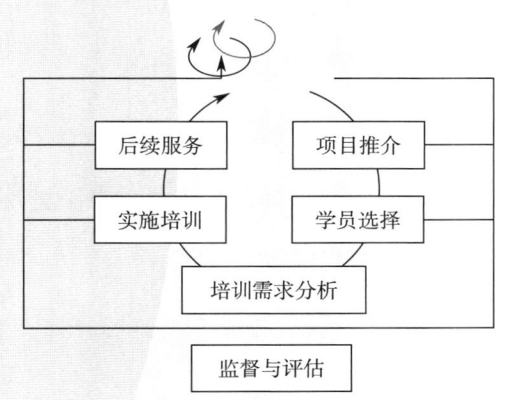

图2-1　网络创业培训（直播）学员培训周期

## 1. 培训周期第一步：项目推介

### 1.1　什么是项目推介

项目推介是指各级创业培训主管部门、培训机构和讲师通过各类宣传媒介平台及宣传推介活动，向潜在学员推介马兰花创业培训项目及网络创业培训（直播）课程的过程。

### 1.2　为什么要进行项目推介

高质量的宣传推介活动有利于形成鼓励创业、支持创业、全民创业的社会氛围，有利于帮助各级创业培训主管部门、培训机构和讲师实现下列目标：

- 通过市场调研，找出符合培训目标并与培训机构自身优势最吻合的市场机会。
- 通过市场定位，合理组织、分配、使用资源来推介网络创业培训（直播）课程，以吸引更多潜在学员关注。通过目标群体细分，挖掘并筛选出对网络创业培训（直播）课程具有真实需求且愿意参加培训的潜在学员。
- 通过树立直播创业典型、宣传培训成果和创业成功案例，促进培训质量提升，进一步扩大马兰花创业培训品牌影响力。

### 1.3 如何开展项目推介

培训机构和讲师要想全面、有效地开展项目推介工作，首先要清楚"谁是潜在学员"。为此，培训机构和讲师要解答这样几个问题：

- 网络创业培训（直播）学员想要什么？
- 网络创业培训（直播）学员真正的需求是什么？
- 网络创业培训（直播）学员有哪些特殊要求？

通过解答这几个问题，培训机构和讲师就能确定网络创业培训（直播）课程这一培训产品的市场营销组合，其四个关键变量如下。

- 产品：如何让培训产品符合并满足学员的需求。
- 价格：如何合理制定培训产品的价格。
- 地点：如何选择以学员为中心、体现较高成本效益的分销渠道。
- 促销：如何吸引学员接受并购买培训产品。

很多讲师可能没有直接参与制定自己所在培训机构的创业培训营销战略，但通常有机会直接参与某个单项营销活动，如现场向潜在学员推介培训产品。因此，对于讲师而言，了解如何在现场开展项目推介工作，如何确保目标学员对培训产品的关注并且使各方受益就显得十分重要。

#### 1.3.1 了解目标学员

首先，培训机构和讲师可以通过问卷调查、面谈访问、电话访问、邮寄访问、网络访问等方式收集潜在学员信息，也可以通过各种渠道获得第二手学员信息，如在一些报纸杂志上获得某些特定学员信息。

其次，培训机构和讲师要及时对信息进行归类、汇总整理。信息归类要能体现学员特征，包括年龄、性别、家庭地址、教育背景、收入水平、创业动机、互联网认知及应用能力、直播相关经历、有无创业经历和特殊培训需求，以及培训机构和讲师认为有价值的其他信息。

通过市场调研收集并把这些潜在学员信息归类后，讲师就可以对学员的培训需求进行分析，并根据分析结果设计出能够满足潜在学员培训需求的个性化培训方案。只有这样才能更好地提高学员对培训产品的满意度。

#### 1.3.2 提供满足学员需求的培训产品

为了能让培训产品更符合学员需求，培训更具有针对性，讲师可以合理调整、补充培训内容，灵活安排培训时间和培训地点，有效运用培训方法和培训工具。

#### 1.3.3 制定合适的培训产品价格

合适的培训产品价格可以在满足学员价格需求的基础上，保证培训机构资金的可持续性，也为讲师提供有力的工作保障。尽管大部分网络创业培训（直播）属于政府补贴性培训，但作为讲师，仍应了解制定合适的培训产品价格应包括的三个步骤。

- 步骤一：制定培训的成本预算。
- 步骤二：了解潜在学员（培训赞助单位）能够承受的价格[①]。
- 步骤三：了解竞争对手的价格。

#### 1.3.4 建立以学员为中心的培训产品分销体系

建立以学员为中心的培训产品分销体系意味着培训工作要关注以下三个方面：

- 让学员满意的培训地点。
- 尽可能降低分销成本。
- 学员获得培训产品的渠道。

#### 1.3.5 推介相应的培训产品

让学员了解网络创业培训（直播）课程并吸引他们购买这一培训产品，是推介的目

---

① 对于学员而言，如果培训是付费的，那么学员参加培训的动机就会受到影响。经验表明，付费的程度与个人的承诺之间有着紧密的联系。培训机构的讲师需要关注"学员能为培训支付多少学费"。学员的付费能力在很大程度上取决于他们可支配收入的水平及其对培训的需求程度。有时，培训机构和讲师可能会发现，其面对的学员中会有一部分可能由于贫穷或其他原因不能或仅能支付部分培训费用，而一些具有强烈创业愿望并希望通过培训提升创业能力的学员则更愿意为培训支付费用。

的。有效的推介体现在以下四个方面：

● 选择正确的目标学员。培训机构和讲师要学会选择那些能够在培训中获益的潜在学员，并传递对潜在学员有吸引力的培训信息。

● 使用正确的沟通渠道。培训机构和讲师可以根据具体情况和条件，使用一种或多种方法向那些具有直播创业愿望的潜在学员推介培训项目，传递推介信息。

● 选择正确的沟通方式。培训机构和讲师在向潜在学员传递信息时，要采用潜在学员容易接受的语言及表述方式，便于其理解和记忆。要让潜在学员清楚，参加培训意味着什么，以及潜在学员能够获得哪些益处。

● 使用正确的沟通工具。培训机构和讲师应该选择简单、清晰的，易使目标学员感兴趣的载体开展项目推介。

有时，培训机构和讲师不仅要向潜在学员推介筹划中的创业培训活动，还要向潜在的培训赞助单位推介，这样做的目的是希望后者能够承担学员学费和总培训成本之间的差额。不论是对于培训赞助单位还是对于培训受益人，采用面对面的交流方式更能够清晰、高效地传递信息。

## 2. 培训周期第二步：学员选择

### 2.1 什么是学员选择

学员选择是指培训机构和讲师根据学员创业方向和培训意愿，利用标准工具，按照条件要求和标准流程，帮助学员选择适合的网络创业培训（直播）课程的过程。

### 2.2 为什么要进行学员选择

培训机构应高度重视学员选择环节，使学员能够进入符合其创业意愿且适合其自身能力水平的培训课程中，以最大限度地保证培训效果。

### 2.3 如何进行学员选择

#### 2.3.1 学员选择的标准

参加网络创业培训（直播）的学员应符合以下条件：

● 具备基本的读写计算能力，以及计算机和网络基础知识与操作能力。

- 具有创业动机,或有依托互联网创业的具体可行的项目,或希望已经创办的企业互联网化等。
- 确保有全程参与培训的时间。

### 2.3.2 学员选择的标准流程

学员选择主要通过面试进行,标准流程如图2-2所示。

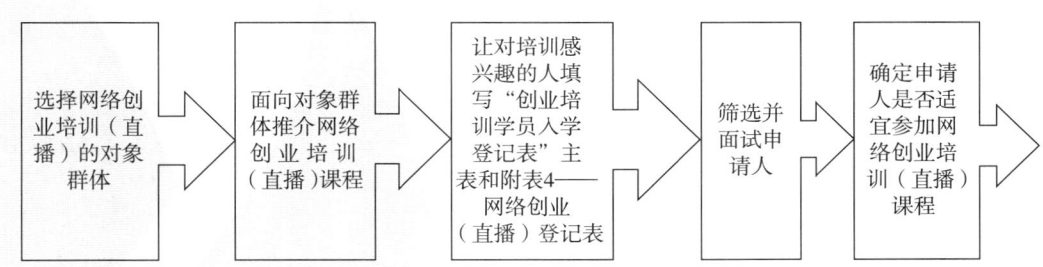

图2-2 学员选择的标准流程

讲师参与学员选择更有利于保证培训质量。讲师需要对每一位潜在学员进行一次简短的面试。面试的目的是在获取该潜在学员基本信息的同时确定其是否具有创业的意愿,是否符合培训的最低入选标准,从而选择出具备参加培训条件的学员。

面试可以在办公室或方便学员到达的其他地点进行。面试需要10~15分钟。面试依据"创业培训学员入学登记表"(主表+附表4)进行。"创业培训学员入学登记表"的填写应确保准确、完整,以便培训机构和讲师能够获得更多的潜在学员信息。进行学员面试的同时,讲师还要对潜在学员进行培训需求分析,这一过程可以借助培训需求分析问卷来完成。面试要保持在轻松的氛围中进行,不要让面试者感到压力,面试后要告知潜在学员其是否符合参加培训的条件并说明原因,以帮助他们厘清实际的培训需求。

### 2.3.3 学员选择的标准工具

为保证学员选择环节客观、准确、高效,培训机构应使用学员选择的标准工具,并按照规定的流程组织学员选择工作。学员选择的标准工具包括"创业培训学员入学登记表"(主表+附表4)。培训机构和讲师应按照学员选择的标准推荐学员参加网络创业培训(直播)学员班。

培训机构和讲师要保管好每位学员的"创业培训学员入学登记表"(主表+附表4),

认真归档。培训课程结束后，会再次用到"创业培训学员入学登记表"（主表＋附表4），培训机构和讲师要及时将学员的基本资料填写到"创业培训学员班活动报告"中。

# 3. 培训周期第三步：培训需求分析

### 3.1 什么是培训需求分析

培训需求分析是指培训机构和讲师根据学员填写的"创业培训学员入学登记表"，了解学员资源条件、培训预期和需求的过程。

### 3.2 为什么要进行培训需求分析

培训需求分析对于实现培训目标非常重要，良好、有效的培训需求分析能够帮助培训机构和讲师：

- 找出学员的学习期望与学习差距，并有针对性地设计培训内容。
- 将学员按各自内在的培训需求分类，合理编班，保证培训效果。
- 了解学员的知识背景与性格特点，选择恰当的培训方法、培训工具及培训技巧。
- 选择符合学员需求的、方便学员参加的培训时间及培训地点。

学员是培训的主要服务对象，是培训目标得以实现的主体，了解学员的培训需求与培训期望，对实现培训目标具有决定性意义。进行培训需求分析时，讲师要注意学员的简历情况、课程方面的"现实状态"及学员期望的"理想状态"、学员喜欢的学习方式、学员适宜的教学方式、学员的特殊困难、学员个人发展方面的意愿、学员对培训时间的要求、学员对课程进度的接受程度、学员喜欢的语言表达方式、适合学员的环境等。培训需求分析有利于提高学员的满意度，学员满意会带来更好的口碑并提高培训产品的市场需求度，实现培训的可持续发展。

### 3.3 如何进行培训需求分析

#### 3.3.1 培训需求分析的方法

- 面谈法。即讲师通过与学员的面对面交谈了解学员对培训的需求。面谈法有较强的目的性与针对性，具有形象、真实、信息量大、沟通直观、反馈快、占用时间较短等特点。在实际操作中要充分发挥面谈法的作用，就要科学地设计问题，充分考虑问题的顺序与合理性。

● 资料分析法。即通过阅读分析本期学员的"创业培训学员入学登记表"（主表＋附表4）以及往期培训班存档的创业培训监督与评估资料，获得与学员培训需求相关的信息。往期培训班学员反馈信息来自培训实践，信息比较真实、完备。但使用该方法信息处理量较大，对讲师的选择、提炼和分析能力要求较高。

### 3.3.2 培训需求分析的工具

培训需求分析的主要工具是"创业培训学员入学登记表"（主表＋附表4）。利用这些工具，讲师可以获得潜在学员的重要信息。讲师可以对工具中的问题进行补充，但是一定要注意问题的"量"与"度"，避免问题难度过大，潜在学员回答问题所需时间过长。

有条件的培训机构和讲师也可以设计培训需求分析问卷，设计时要注意以下四点：

一是内容，即问卷中的问题应与具体的培训情况相符，尽量挖掘出学员真正的培训需求。

二是题型，题型包括封闭式问题和开放式问题两种。封闭式问题主要为选择题，选项是讲师事先准备好的；而开放式问题则不设固定答案，由学员根据自身实际回答。

三是题序，即问题设置的次序应该合乎逻辑，符合学员认知习惯及理解能力，应将引导性的问题放在前面。

四是题量，问题数量不宜过多，以学员可在5分钟内完成答题为宜，避免潜在学员产生厌倦与反感的情绪，影响培训需求信息收集的效果。

## 4. 培训周期第四步：实施培训

实施培训是指在当地创业培训主管部门的监督和指导下，培训机构和讲师组织学员参与培训并完成所有授课任务的一系列活动。

### 4.1 培训前筹备

培训前主要筹备工作及核心技术要求见表2–1。

表 2-1　培训前主要筹备工作及核心技术要求

| 主要筹备工作 | 核心技术要求 |
|---|---|
| 确定学员人数 | 25~30 人 / 班为宜① |
| 筹备场地、设备 | ● 培训场地面积为 60～100 平方米<br>● 可移动桌椅，呈"岛形"摆放（见图 2-3），便于授课讲师教学互动<br>● 每名学员应配备一部智能手机（学员可自带）<br>● 配备优质网络环境（建议独享不低于 100 兆带宽，并连接无线网络路由器），确保流畅使用网络创业培训（直播）教学辅助平台。培训前培训机构和讲师应对设备及网络环境进行测试 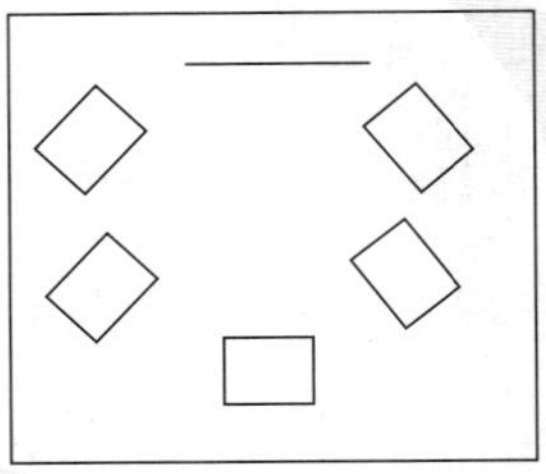 |
| 确定教学平台 | 所使用的网络创业培训（直播）教学辅助平台应包含教学服务、模拟训练、培训考核、培训管理和后续服务等功能 |
| 确定授课讲师 | 每期学员班由至少 2 名持有"网络创业培训（直播）讲师合格证书"的讲师授课 |
| 准备教材、设备和教具 | 参照"网络创业培训（直播）学员班教材、设备和教具清单"做相应准备 |
| 确定课程安排 | 培训机构与授课讲师及时沟通，按照"网络创业培训（直播）学员培训标准课程表"授课。特殊情况下，讲师可以根据培训需求分析结果，在与培训机构沟通并报请创业培训主管部门同意后，对标准课程安排进行微调，但必须保证标准课时数，以确保完成教学内容和任务 |

图 2-3　呈"岛形"摆放桌椅

培训前讲师应配合培训机构完成以下工作，如图 2-4 所示。

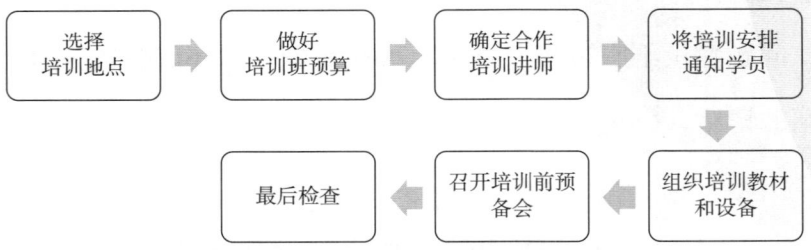

图 2-4　培训前讲师应配合培训机构完成的工作

### 4.1.1　选择培训地点

开班前首先要为学员选择一个实用舒适、距离较近、具备基本安全条件的培训地

---

① 考虑到网络创业培训（直播）以互联网平台为培训载体，建议每班学员人数不超过 30 人。

点。教室要保证光线充足、通风良好、足够安静、不受外界打扰。此外，还要考虑学员进出这一地点是否方便，所提供的住宿房间是否适合课后学习。针对残障人员的培训班，要考虑培训地点是否有为肢残学员提供的便捷设施。

需要强调的是，网络创业培训（直播）对培训地点的网络环境要求较高，建议独享不低于100兆带宽，并连接无线网络路由器，确保流畅使用网络创业培训（直播）教学辅助平台。若培训地点的网络环境不足以支撑培训需求，培训机构需增加网络带宽或无线网络路由器数量。

#### 4.1.2 做好培训班预算

制定培训班详细预算并提交培训机构评估核算。做预算时应该考虑下列项目：

- 工作人员和讲师的报酬。
- 客座讲师与专家的报酬和补贴。
- 培训场地费用。
- 培训教材、设备和教具费用。
- 网络配置费用。
- 如果培训机构计划向学员提供食宿，还应包括学员的食宿费。
- 通信费用，如电话费、电传费、邮费等。
- 交通费用。
- 培训后续服务费用。
- 其他费用。

#### 4.1.3 确定合作培训讲师

确保两名网络创业培训（直播）讲师在培训期间共同授课，以避免授课讲师因疲劳而降低工作效率，这样也能使学员对课程更感兴趣。

#### 4.1.4 将培训安排通知学员

应在培训前（提前1~2周）通知学员即将开始的培训班安排，以便他们做出自己相应的安排。

#### 4.1.5 组织培训教材和设备

- 准备培训教材。培训使用的主要教材是《网络创业培训教程（直播版）》，每名学员都应收到一本正版教材。此外，每名学员还应收到一本与所使用的网络创业培训（直播）教学辅助平台相配套的实操指导手册。

- 准备培训教具和设备等。参见"网络创业培训（直播）学员班教材、设备和教具清单"。

- 准备监督评估工具。监督评估工具参见"6. 培训周期第六步：监督与评估"相关内容。

#### 4.1.6　召开培训前预备会

培训前，培训机构要组织参加此次培训的所有讲师共同开会，讨论培训班的安排，包括分配授课内容和实际授课方式等。要确保参加此次培训的所有讲师都得到了以下信息：

- 参加此次培训的每名学员的总体情况。

- 参加此次培训的每名学员的直播创业想法。

- 参加此次培训的每名学员的参训目的。

- 培训地点和培训时间安排。

- 培训讲师之间工作任务的分配计划。

#### 4.1.7　最后检查

确保在培训前再次提醒学员培训日期及要求，并确认他们能否参加。要确保在培训开始前再次检查各项安排，包括：

- 与合作的培训讲师进行沟通。

- 确保培训教材、设备和教具到位。

- 检查在培训地点的全部安排。

- 检查交通安排。

- 确保资金及时到位。

### 4.2　培训考核要求

网络创业培训（直播）课程考核主要分过程评价与成果考核两部分。过程评价主要由培训机构和讲师根据学员出勤、课堂表现进行评定；成果考核分为实践成果和规划书两部分，由培训讲师或考评专家进行考核。

4.2.1 过程评价的内容及标准见表 2-2。

表 2-2 过程评价的内容及标准

| 序号 | 考核内容 | 考核标准 |
|---|---|---|
| 1 | 出勤 | 无故旷课或请假超过 2 次（一次请假不得超过 4 课时），过程评价为不合格，学员将不能参加成果考核 |
| 2 | 课堂表现 | 无迟到或早退，积极参与课程互动，按时保质完成直播创业实践 |
| 总体评定 | 培训班结业前，培训机构和讲师根据学员过程评价情况共同确定参加成果考核的学员名单，并上报地方创业培训主管部门 | |

4.2.2 成果考核的内容及标准见表 2-3。

表 2-3 成果考核的内容及标准

| 序号 | 考核内容 | 考核形式 | 考核标准 |
|---|---|---|---|
| 1 | 实践成果 | 学员在培训结业时需在网络创业培训（直播）教学辅助平台培训考核系统中提交实践成果和规划书，培训讲师或考评专家按评分标准进行评分 | 满分各 100 分，60 分及以上为合格 |
| 2 | 规划书 | | |
| 总体评定 | 两项均合格，整体评价为合格；有一项不合格，整体评价为不合格 | | |

### 4.3 培训后续工作

#### 4.3.1 创业培训合格证书申报

培训结束后，培训机构应向当地创业培训主管部门申请"网络创业培训（直播）合格证书"，确保证书及时发放。

#### 4.3.2 结班材料报送

培训结束后，培训机构和讲师应及时做好资料登记、整理等工作，并按照当地创业培训主管部门要求报送本次培训班相关信息及材料。鼓励各地使用创业培训管理平台，实现培训资料收集和监督评估一体化管理。

# 5. 培训周期第五步：后续服务

后续服务是指培训结束后，培训机构和讲师为使培训效果最大化并取得持续稳定的学员满意度而开展的各项扶持工作。为了将后续服务落到实处，不断提升培训实施和后续服务质量，培训机构和讲师可以从以下三方面开展后续服务工作。

### 5.1 对学员创业情况进行跟踪回访

培训机构和讲师应通过电话回访、在线调查、实地考察等方式跟踪学员创业情况，上报当地创业培训主管部门。做好创业情况跟踪统计工作，有助于培训机构和当地创业培训主管部门及时掌握学员的实际创业情况，发现、总结、解决实际创业过程中存在的问题，评估创业培训实施效果及后续服务成效。

#### 5.1.1 创业情况跟踪

培训机构可以通过电话回访、在线调查、实地考察等方式跟踪学员创业情况，填写"网络创业培训（直播）学员创业情况跟踪调查表"，也可以通过网络创业培训（直播）教学辅助平台在线开展学员创业调查、统计等工作。

#### 5.1.2 创业成果认定

网络创业培训（直播）合格的学员可提供网店开店证明或相关证明材料，证明自己创业成功。培训机构可根据学员提交的实践成果及规划书，通过网络创业培训（直播）教学辅助平台培训管理系统定期进行创业成果追踪，并通过扶持服务帮助其达到当地网络创业成功认定标准，使其能够享受扶持政策。网络创业成功认定标准由当地创业培训主管部门制定。

### 5.2 满足学员继续提升培训需求

#### 5.2.1 学习指导

培训机构可以不定期组织线下创业沙龙等活动，邀请网络创业培训（直播）讲师、当地直播创业带头人、直播创业者，工商、税务或法律等专员，企业家、专家学者对学员进行面对面咨询指导；推荐学员参加适宜的其他创业培训课程，也可不定期组织形式多样的专业课程培训。培训机构可以指导学员在培训结束后通过线上、线下两种渠道继续学习，借助教学辅助平台结合学员需求自学网络创业及互联网技能等提升类课程。

#### 5.2.2 信息交流

培训机构应组织培训班学员、讲师通过互联网社交平台或教学辅助平台，实现学员与讲师、学员与学员之间的实时交流互动，营造互帮互助的良好学习氛围。

### 5.3 提供创业后各类扶持服务

#### 5.3.1 孵化服务

有条件的地区可根据当地政策要求，为学员提供孵化场所、开业指导以及工商注册、财务、税务、法律等扶持服务，助推创业者起步并实现成功经营。

#### 5.3.2 融资服务

有条件的地区可根据当地政策要求，为学员提供小额担保贷款、创投基金等资金扶持服务。此外，培训机构可以指导学员申请创投基金等融资服务。

#### 5.3.3 创业指导活动

各地创业培训主管部门可以通过组织创业沙龙、创业论坛、创业创新大赛、创业项目展示会、创业大讲堂等活动，帮助学员对接各类创业服务资源。有条件的培训机构可以指导学员通过教学辅助平台，远程参与创业论坛、沙龙等交流活动。

#### 5.3.4 其他服务

培训机构可以指导学员在培训结束后，根据创业实际需求，继续对接使用教学辅助平台供销系统的货源、物流及其他直播创业所需服务。

# 6. 培训周期第六步：监督与评估

监督与评估是指为测量和分析创业培训活动取得的进展情况和培训效果而进行的所有收集、分析信息的过程。

网络创业培训（直播）学员培训监督评估工具见表2-4，所有工具可在中国就业网和马兰花创业培训管理系统中下载，或扫描右侧二维码查看。

表2-4 网络创业培训（直播）学员培训监督评价工具

| 工具名称 | 作用 | 填写人 | 使用者 | 使用时间 |
|---|---|---|---|---|
| 1.创业培训学员入学登记表（主表）<br>2.创业培训学员入学登记表〔附表4——网络创业（直播）登记表〕 | ● 学员选择<br>● 培训需求分析<br>● 收集学员个人和企业情况信息 | ● 讲师或指导学员填写 | 学员 | 培训开始前 |

续表

| 工具名称 | 作用 | 填写人 | 使用者 | 使用时间 |
|---|---|---|---|---|
| 3. 创业培训学员选择程序 | 学员选择 | — | 讲师 | 学员选择和培训需求分析 |
| 4. 网络创业培训（直播）学员班教材、设备和教具清单 | 做好培训前筹备工作 | — | 培训机构 | 培训开始前 |
| 5. 网络创业培训（直播）学员培训标准课程表 | 提供标准课程安排 | — | 讲师培训机构 | 培训全程 |
| 6. 每日意见反馈表 | 评估学员对当天培训的满意度 | 学员 | 讲师培训机构 | 每天培训结束时 |
| 7. 网络创业培训（直播）实践成果评分标准 | 评估学员实践成果完成情况 | 讲师或考评专家 | 讲师或考评专家 | 培训结束后 |
| 8. 网络创业培训（直播）规划书评分标准 | 评估学员规划书完成情况 | 讲师或考评专家 | 讲师或考评专家 | 培训结束后 |
| 9. 网络创业培训（直播）学员班期末评估表 | 评估学员对整个培训课程的满意度 | 学员 | 讲师培训机构 | 培训结束时 |
| 10. 创业培训学员班活动报告 | 总结培训活动，收集学员收获及其企业经营信息 | 讲师 | 讲师培训机构 | 培训结束后 |
| 11. 网络创业培训（直播）学员后续支持服务需求调查表 | 了解学员后续支持服务需求 | 讲师 | 讲师培训机构 | 培训结束后 |
| 12. 网络创业培训（直播）学员创业情况跟踪调查表 | 了解学员培训后创业情况及企业经营情况 | 培训机构 | 培训机构主管部门 | 按一定周期（如每月、每季度等） |

# 第三部分 网络创业培训（直播）学员班教学计划

网络创业培训（直播）学员培训标准课程表

| 日期 | 时间 | 课程主题 | 课程内容 |
|---|---|---|---|
| 第一天 | 09：00—12：00 | 第1课 开班 | 网络创业培训（直播）课程介绍 |
| | | | 组建互助学习小组 |
| | | 第2课 认识直播创业 | 认识直播创业 |
| | 14：00—17：00 | 第3课 直播创业项目选择与分析 | 寻找直播创业项目 |
| | | | 筛选直播创业项目 |
| | | | 分析直播创业项目 |
| 第二天 | 09：00—12：00 | 第4课 直播创业筹划（上） | 直播内容筹划（选品/内容定位） |
| | | | 直播现场筹划（直播平台选择） |
| | | | 实操任务：平台注册（模拟/第三方） |
| | 14：00—17：00 | 第5课 直播创业筹划（下） | 直播现场筹划（直播场景筹备） |
| | | | 实操任务：常用直播设备使用 |
| | | | 直播人员筹划 |
| | | | 直播资金筹划 |
| 第三天 | 09：00—12：00 | 第6课 直播运营 | 直播运营概述 |
| | | | 直播运营设计 |
| | | | 实操任务：完成直播方案设计 |
| | | | 实操任务：完成直播脚本设计 |
| | 14：00—17：00 | 第7课 直播实施（上） | 开播前的准备（上） |
| | | | 实操任务：物料检查/平台设置/商品拍摄与手动发布/内容制作 |

续表

| 日期 | 时间 | 课程主题 | 课程内容 |
|---|---|---|---|
| 第四天 | 09:00—12:00 | 第8课 直播实施（中） | 开播前的准备（下） |
| | | | 实操任务：封面设计/促销设置/场景搭建/方案与脚本优化 |
| | | | 直播中的实施 |
| | 14:00—17:00 | 第9课 直播实施（下） | 实操任务：小组模拟直播演练 |
| | | | 直播后的复盘 |
| | | | 实操任务：个人模拟直播 |
| | | | 实操任务：第三方直播准备与策划 |
| 第五天 | 09:00—12:00 | 第10课 直播推广（上） | 直播推广渠道 |
| | | | 推广形式与内容 |
| | | | 推广策略与规划/推广效果评估 |
| | 14:00—17:00 | 第11课 直播推广（中） | 直播推广实践（上） |
| | | | 实操任务：短视频脚本制作与拍摄 |
| 第六天 | 09:00—12:00 | 第12课 直播推广（下） | 直播推广实践（下） |
| | | | 实操任务：短视频剪辑与发布 |
| | 14:00—17:00 | 第13课 第三方直播实践 | 实操任务：第三方平台直播演练与复盘 |
| 第七天 | 09:00—12:00 | 第14课 直播运营优化 | 直播运营优化 |
| | | | 实操任务：优化实践成果 |
| | | 直播规划书 | 直播规划书 |
| | 14:00—17:00 | 实践成果与规划书提交 | 实践成果提交 |
| | | | 规划书提交 |
| | | 结班 | 结班仪式 |

注：以下教学计划不含第七天下午课程，教学计划中"教材"指代《网络创业培训教程（直播版）》。

# 第1课 开班

**教学目标：**

这堂课结束时，学员能够：

- 了解马兰花中国创业培训项目概况。
- 了解网络创业培训（直播）课程体系。
- 组建互助学习小组。

**视觉教具：**

多媒体投影仪、黑（白）板、彩色卡纸、活页挂纸。

**授课时间：**

120分钟（第一天09：00—11：00）。

| 时间 | 内容概述 | 授课方法和教学内容 | 视觉教具 | 相关资料 |
|---|---|---|---|---|
| 5分钟 | 教学目标综述 | 讲授法<br>1. 讲师自我介绍<br>2. 结合直播现象和互动思考，引出本课主题<br>3. 阐述本课教学目标及主要内容 | 多媒体投影仪 | — |
| 45分钟 | 网络创业培训（直播）课程介绍 | 头脑风暴法/讲授法/案例分析法<br>1. 运用头脑风暴法，引导学员围绕直播及其现象开展分析，以此了解学员对直播的认知程度<br>2. 结合直播创业典型案例，概述网络创业培训（直播）课程内容，阐述各步内容之间的内在逻辑关联，帮助学员构建系统、完整的直播创业知识技能体系<br>3. 运用讲授法，阐述本次培训课程的价值、教学目标和考核目标 | 多媒体投影仪<br>黑（白）板<br>彩色卡纸<br>活页挂纸 | — |
| | | 休息10分钟 | | |
| 55分钟 | 组建互助学习小组 | 1. 通过学员自我介绍等方式，进一步了解学员学情，为组建互助学习小组做好准备<br>2. 建立互助学习小组（注意分组维度，如直播创业经历、相关资源、实操技能、年龄与性别等方面，确保小组内成员优势互补）<br>3. 以小组为单位进行学员风采展示 | 多媒体投影仪<br>黑（白）板<br>彩色卡纸<br>活页挂纸 | — |
| 5分钟 | 总结 | 讲授法<br>回顾本课主要内容及答疑 | 多媒体投影仪 | — |

# 第 2 课　认识直播创业

**教学目标：**

这堂课结束时，学员能够：

● 理解直播创业的时代背景。

● 认识直播创业方向与盈利方式。

● 了解直播创业面临的挑战。

**视觉教具：**

多媒体投影仪、黑（白）板、彩色卡纸。

**授课时间：**

60 分钟（第一天 11：00—12：00）。

| 时间 | 内容概述 | 授课方法和教学内容 | 视觉教具 | 相关资料 |
| --- | --- | --- | --- | --- |
| 5 分钟 | 教学目标综述 | **讲授法 / 案例分析法**<br>结合直播领域的时事热点，引出本课主题，阐述本课教学目标及主要内容 | 多媒体投影仪 | 教材第 1 页 |
| 15 分钟 | 直播创业的时代背景 | **讲授法 / 头脑风暴法**<br>1. 运用头脑风暴法，鼓励学员利用网络资源或 AI 工具查询当前网络经济相关数据并展示，引导学员从数据变化中总结网络创业的发展形势，直观感受行业发展的蓬勃态势<br>2. 结合学员展示的内容，讲授直播创业的概念、现状与发展趋势，帮助学员准确把握直播创业所处的时代脉络 | 多媒体投影仪<br>彩色卡纸 | 教材第 1~8 页 |
| 25 分钟 | 直播方向与盈利方式 | **讲授法 / 案例分析法 / 练习法 / 讨论法**<br>1. 发放彩色卡纸，让学员写下自己熟悉的直播类型，组织分享交流，针对直播类型下的细分领域开展讨论<br>2. 结合多个直播案例，分析直播主要的盈利方式<br>3. 展示多个不同类型的直播场景案例，组织学员分组讨论，分析案例所属的直播类型及其可能的盈利方式，检验学员的理解与掌握程度 | 多媒体投影仪<br>彩色卡纸 | 教材第 8~15 页 |

续表

| 时间 | 内容概述 | 授课方法和教学内容 | 视觉教具 | 相关资料 |
|---|---|---|---|---|
| 10分钟 | 直播创业面临的挑战 | **讲授法／案例分析法**<br>1. 结合实际案例，分析直播创业可能面临的挑战<br>2. 结合后续课程内容，引导学员思考应对挑战的策略和方法，激发学员对后续课程的学习兴趣 | 多媒体投影仪 | 教材第15～17页 |
| 5分钟 | 总结 | **讲授法**<br>回顾本课主要内容及答疑 | 黑（白）板彩色卡纸 | — |

# 第3课　直播创业项目选择与分析

**教学目标：**

这堂课结束时，学员能够：

- 了解寻找直播创业项目的途径。
- 掌握筛选直播创业项目的方法。
- 完成对选定直播创业项目的分析，确定项目定位。

**视觉教具：**

多媒体投影仪、黑（白）板、彩色卡纸、活页挂纸。

**授课时间：**

180分钟（第一天14：00—17：00）。

| 时间 | 内容概述 | 授课方法和教学内容 | 视觉教具 | 相关资料 |
| --- | --- | --- | --- | --- |
| 5分钟 | 教学目标综述 | **讲授法/案例分析法**<br>1. 回顾上节课的知识要点，通过案例分析强调直播创业项目选择与分析的重要性，导入本课主题<br>2. 阐述本课教学目标及主要内容 | 多媒体投影仪 | 教材第18页 |
| 45分钟 | 寻找直播创业项目 | **讲授法/案例分析法/练习法/讨论法**<br>1. 结合多个案例，讲解寻找直播创业项目的内部视角<br>2. 以小组为单位进行讨论，从内部视角寻找直播创业项目，讲师巡视并指导学员完成任务训练<br>3. 结合多个案例，讲解寻找直播创业项目的外部视角<br>4. 以小组为单位进行讨论，从外部视角寻找直播创业项目，讲师巡视并指导学员完成任务训练 | 多媒体投影仪<br>活页挂纸 | 教材第18～23页 |
| 30分钟 | 筛选直播创业项目 | **讲授法/案例分析法/练习法**<br>1. 结合案例，讲解筛选直播创业项目的四个维度<br>2. 以学员所寻找的项目为例，演示从四个维度筛选直播创业项目的过程<br>3. 以小组为单位，对前期各小组寻找的项目进行筛选，完成直播创业评估表 | 多媒体投影仪<br>彩色卡纸 | 教材第24～27页 |

续表

| 时间 | 内容概述 | 授课方法和教学内容 | 视觉教具 | 相关资料 |
|---|---|---|---|---|
| 休息 20 分钟 ||||| 
| 75 分钟 | 分析直播创业项目 | **讲授法 / 头脑风暴法 / 练习法**<br>1. 运用头脑风暴法，鼓励学员列举可以从哪些方面分析直播创业项目，并进行分类<br>2. 分析直播创业项目的三个关键要素，结合案例、数据等资料详细解释每个要素的分析内容和方法<br>3. 以小组为单位，对前期各小组筛选出的项目进行分析，完成直播创业项目定位表<br>4. 总结各小组分析直播创业项目的过程，邀请优质项目代表上台展示分享，并进行项目点评 | 多媒体投影仪<br>黑（白）板 | 教材第 27 ~ 35 页 |
| 5 分钟 | 总结 | **讲授法**<br>回顾本课主要内容及答疑 | 多媒体投影仪<br>彩色卡纸 | — |

# 第4课　直播创业筹划（上）

**教学目标：**

这堂课结束时，学员能够：

● 完成直播内容筹划。

● 学会选择合适的直播平台。

● 完成模拟商城与第三方平台注册。

**视觉教具：**

多媒体投影仪、黑（白）板、活页挂纸、彩色卡纸。

**授课时间：**

180分钟（第二天09：00—12：00）。

| 时间 | 内容概述 | 授课方法和教学内容 | 视觉教具 | 相关资料 |
|---|---|---|---|---|
| 10分钟 | 直播创业筹划 | **讲授法**<br>1. 运用提问法回顾上节课的重要内容<br>2. 阐述本课教学目标及主要内容<br>3. 介绍直播创业筹划的主要内容 | 多媒体投影仪<br>活页挂纸<br>黑（白）板 | 教材第36页 |
| 65分钟 | 直播内容筹划 | **讲授法/头脑风暴法/练习法**<br>1. 结合实际案例，回顾并进一步阐述两种直播创业类型（电商类直播与内容类直播），总结直播内容定位的基本思路<br>2. 讲授电商类直播选品途径，主要有自有货源和外部货源两种<br>（1）讲授自有货源直播定位的要点<br>（2）讲授外部货源选品思路<br>（3）讲授供应链管理的内容<br>（4）指导学员完成直播初步选品<br>3. 运用头脑风暴法，引导学员讨论除电商类直播外还有哪些直播创业类型，引出内容类直播<br>（1）讲授确定内容类直播内容筹划的三个步骤<br>（2）指导学员以小组为单位完成直播内容定位 | 多媒体投影仪<br>彩色卡纸<br>黑（白）板 | 教材第37~45页 |

续表

| 时间 | 内容概述 | 授课方法和教学内容 | 视觉教具 | 相关资料 |
|---|---|---|---|---|
| 休息 20 分钟 ||||| 
| 45 分钟 | 直播平台选择 | **讲授法 / 头脑风暴法 / 练习法**<br>1. 运用头脑风暴法，引导学员列出目前主流的直播平台，并对直播平台进行归类<br>2. 指导学员以小组为单位分析直播平台，完成任务训练<br>3. 讲授直播平台的选择依据<br>4. 指导学员以小组为单位完成直播平台的初步筹划<br>5. 讲授直播规则以及主播常见违规行为 | 多媒体投影仪<br>彩色卡纸<br>黑（白）板 | 教材第 45~54 页 |
| 35 分钟 | 完成平台注册 | **讲授法 / 练习法**<br>1. 讲解并演示模拟商城的注册流程<br>2. 讲解并演示第三方平台的注册流程<br>3. 指导学员完成模拟商城和第三方平台注册操作 | 多媒体投影仪 | — |
| 5 分钟 | 总结 | **讲授法**<br>回顾本课主要内容及答疑 | 多媒体投影仪<br>黑（白）板 | — |

# 第 5 课　直播创业筹划（下）

**教学目标：**

这堂课结束时，学员能够：

- 学会直播场景筹备。
- 明确直播创业团队常见岗位的职责。
- 了解直播创业团队员工管理的主要内容。
- 预测自己直播创业项目的启动资金。

**视觉教具：**

多媒体投影仪、黑（白）板、彩色卡纸、活页挂纸。

**授课时间：**

180 分钟（第二天 14：00—17：00）。

| 时间 | 内容概述 | 授课方法和教学内容 | 视觉教具 | 相关资料 |
| --- | --- | --- | --- | --- |
| 5 分钟 | 教学目标综述 | 讲授法<br>1. 回顾直播创业筹划的主要内容<br>2. 阐述本课教学目标及主要内容 | 多媒体投影仪<br>彩色卡纸 | — |
| 40 分钟 | 直播场景筹备 | 讲授法 / 头脑风暴法 / 练习法<br>1. 对比说明直播场景筹备的重要性<br>2. 运用头脑风暴法，引导学员列出直播间需要的硬件设备<br>3. 指导学员以小组为单位练习使用直播间常用硬件设备<br>4. 讲授直播场景选择的考虑因素<br>5. 指导学员以小组为单位进行直播现场筹划，完成任务训练 | 活页挂纸<br>多媒体投影仪<br>彩色卡纸<br>黑（白）板 | 教材第 54～61 页 |
| 休息 10 分钟 ||||||
| 45 分钟 | 直播人员筹划 | 讲授法 / 头脑风暴法 / 练习法<br>1. 介绍直播创业团队组成<br>2. 运用头脑风暴法，引导学员列出一个直播创业团队需要设置的岗位<br>3. 讲授直播创业团队的组织架构类型<br>4. 运用连线练习法，指导学员明确直播创业团队常见岗位的职责<br>5. 指导学员以小组为单位进行人员分工，完成岗位工作职责表<br>6. 讲授直播创业团队员工管理的五个要点 | 活页挂纸<br>多媒体投影仪<br>彩色卡纸<br>黑（白）板 | 教材第 61～68 页 |

续表

| 时间 | 内容概述 | 授课方法和教学内容 | 视觉教具 | 相关资料 |
|---|---|---|---|---|
| 休息 10 分钟 |||||
| 65 分钟 | 直播资金筹划 | **讲授法／头脑风暴法／练习法**<br>1. 运用头脑风暴法，引导学员列出开一家卖定制女装的直播平台小店需要购买哪些物资，支付哪些费用<br>2. 讲授启动资金的分类及预测启动资金的步骤<br>3. 指导学员以小组为单位，测算直播创业项目的启动资金 | 多媒体投影仪<br>彩色卡纸<br>黑（白）板 | 教材第68～72页 |
| 5 分钟 | 总结 | **讲授法**<br>回顾本课主要内容及答疑 | 黑（白）板 | — |

# 第6课　直播运营

**教学目标：**

这堂课结束时，学员能够：

- 理解直播运营的核心目标、基本原理和关键任务。
- 完成直播实施方案的制定。
- 认识直播脚本的作用并能初步完成直播脚本的撰写。

**视觉教具：**

多媒体投影仪、彩色卡纸、大白纸、黑（白）板。

**授课时间：**

180分钟（第三天 09：00—12：00）。

| 时间 | 内容概述 | 授课方法和教学内容 | 视觉教具 | 相关资料 |
|---|---|---|---|---|
| 5分钟 | 教学目标综述 | **讲授法**<br>1. 通过提问引导学员思考直播运营的重要性<br>2. 阐述本课教学目标及主要内容 | 多媒体投影仪<br>彩色卡纸<br>黑（白）板 | 教材第73页 |
| 5分钟 | 直播运营的核心目标 | **讲授法**<br>讲授直播运营本质上都是人、货、场三要素之间的关系构建和优化 | 多媒体投影仪<br>黑（白）板<br>彩色卡纸 | 教材第74、75页 |
| 20分钟 | 直播运营的基本原理 | **案例分析法/讲授法**<br>1. 讲授直播运营转化漏斗模型<br>2. 通过案例讲解直播运营中的流量性数据、互动性数据和销售性数据 | 多媒体投影仪<br>彩色卡纸<br>黑（白）板 | 教材第75~79页 |
| 50分钟 | 直播运营的关键任务 | **讲授法/案例分析法/练习法**<br>1. 讲授直播运营的关键任务<br>2. 结合案例讲授客户运营的要点和工具<br>3. 结合案例讲授商品运营要点，指导学员针对商品展示的内容进行练习<br>4. 指导学员完成直播品类规划与排品设计 | 多媒体投影仪<br>黑（白）板 | 教材第79~91页 |
| 休息20分钟 ||||||
| 30分钟 | 直播运营总体设计 | **讲授法/案例分析法/练习法/讨论法**<br>1. 通过案例讲解直播方案设计的要点<br>2. 指导学员以小组为单位，完成直播方案设计<br>3. 组织学员讨论直播方案推进流程设计要点 | 多媒体投影仪<br>黑（白）板<br>彩色卡纸<br>大白纸 | 教材第91~94页 |

续表

| 时间 | 内容概述 | 授课方法和教学内容 | 视觉教具 | 相关资料 |
|---|---|---|---|---|
| 45分钟 | 直播运营脚本设计 | **讲授法/讨论法/练习法**<br>1. 通过案例讲授直播脚本的功能，帮助学员明确脚本中直播主题、直播目标和直播时间的设计要点<br>2. 指导学员以小组为单位讨论直播互动设计方法及关键事项<br>3. 指导学员初步完成脚本设计（单场、单品） | 多媒体投影仪<br>大白纸<br>黑（白）板 | 教材第95～108页 |
| 5分钟 | 总结 | **讲授法**<br>回顾本课主要内容及答疑 | 多媒体投影仪 | — |

## 第 7 课　直播实施（上）

**教学目标：**

这堂课结束时，学员能够：

- 了解开播前物料检查内容。
- 掌握从商品拍摄到发布的全部流程并实践。
- 掌握模拟直播平台的操作流程。

**视觉教具：**

多媒体投影仪、黑（白）板、彩色卡纸。

**授课时间：**

180 分钟（第三天 14：00—17：00）。

| 时间 | 内容概述 | 授课方法和教学内容 | 视觉教具 | 相关资料 |
|---|---|---|---|---|
| 5 分钟 | 教学目标综述 | **讲授法**<br>阐述本课教学目标及主要内容 | 多媒体投影仪 | 教材第 109 页 |
| 20 分钟 | 开播前物料检查 | **讲授法 / 案例分析法**<br>1. 通过案例介绍开播前的准备工作具体有哪些<br>2. 介绍开播前物料检查清单 | 多媒体投影仪<br>黑（白）板 | 教材第 110 页 |
| 70 分钟 | 商品拍摄与发布 | **讲授法 / 练习法**<br>1. 讲授商品拍摄的相关技巧<br>2. 演示制作商品主图的操作流程<br>3. 指导学员以小组为单位完成直播商品的拍摄与图片制作，并对各组提交作品进行点评<br>4. 指导学员在模拟 / 第三方平台完成商品发布（自由商品、分销商品） | 多媒体投影仪<br>黑（白）板 | — |
| 休息 20 分钟 ||||||
| 60 分钟 | 开播前平台设置 | **讲授法 / 练习法**<br>1. 演示开播前模拟 / 第三方平台的相关设置（直播封面图、商品展示、营销与活动设置）<br>2. 在模拟平台上演示一场直播操作流程<br>3. 指导学员以小组为单位，练习开播流程并完成内容制作 | 多媒体投影仪<br>彩色卡纸 | 教材第 111 ~ 113 页 |
| 5 分钟 | 总结 | **讲授法**<br>回顾本课主要内容及答疑 | 多媒体投影仪 | — |

# 第 8 课 直播实施（中）

**教学目标：**

这堂课结束时，学员能够：

- 了解模拟直播平台的促销互动设置。
- 运用模拟直播平台进行开播练习。
- 掌握直播场景的搭建方法并实践。
- 完成开播前相关测试以及活动预演。

**视觉教具：**

多媒体投影仪、黑（白）板、彩色卡纸。

**授课时间：**

180 分钟（第四天 09：00—12：00）。

| 时间 | 内容概述 | 授课方法和教学内容 | 视觉教具 | 相关资料 |
| --- | --- | --- | --- | --- |
| 5 分钟 | 教学目标综述 | 讲授法<br>阐述本课教学目标及主要内容 | 多媒体投影仪 | — |
| 45 分钟 | 直播场景搭建 | 讲授法 / 练习法<br>1. 讲授常见直播场景搭建方法<br>2. 演示并指导学员练习直播场景搭建<br>3. 指导学员以小组为单位，完成模拟直播方案与脚本的优化 | 多媒体投影仪<br>彩色卡纸 | 教材第 113 ~ 115 页 |
| 15 分钟 | 开播前相关测试与活动预演 | 讲授法<br>1. 讲授开播前相关测试事项<br>2. 讲授开播前活动预演流程 | 多媒体投影仪 | 教材第 115 ~ 117 页 |
| 休息 20 分钟 ||||| 
| 30 分钟 | 直播中的实施 | 讲授法 / 案例分析法<br>1. 介绍直播活动流程<br>2. 举例说明不同直播工具开播流程及注意事项 | 多媒体投影仪 | 教材第 117 ~ 120 页 |

续表

| 时间 | 内容概述 | 授课方法和教学内容 | 视觉教具 | 相关资料 |
|---|---|---|---|---|
| 60分钟 | 小组直播准备 | **讲授法/练习法**<br>1. 介绍下节课模拟直播的考核要求以及复盘要求<br>2. 指导各小组根据直播内容完成直播方案与脚本的优化<br>3. 指导各小组寻找练习场地，完成场景搭建及其他准备 | 多媒体投影仪 | 教材第116、117页 |
| 5分钟 | 总结 | **讲授法**<br>回顾本课主要内容及答疑 | 多媒体投影仪<br>黑（白）板 | — |

## 第9课　直播实施（下）

**教学目标：**

这堂课结束时，学员能够：

● 完成小组模拟直播演练。

● 掌握下播后复盘的流程。

● 完成个人的 5 分钟模拟直播。

● 完成小组第三方直播准备与策划。

**视觉教具：**

多媒体投影仪、黑（白）板、彩色卡纸、活页挂纸。

**授课时间：**

180 分钟（第四天 14：00—17：00）。

| 时间 | 内容概述 | 授课方法和教学内容 | 视觉教具 | 相关资料 |
| --- | --- | --- | --- | --- |
| 100 分钟 | 小组模拟直播演练 | 练习法<br>1. 指导学员以小组为单位，准备模拟直播<br>2. 指导学员以小组为单位，轮流进行模拟直播，每组直播时间 15～20 分钟，未播小组需观看直播并记录其他小组直播优点或问题 | 多媒体投影仪<br>彩色卡纸 | — |
| | | 休息 10 分钟 | | |
| 40 分钟 | 直播后的复盘 | 讲授法 / 练习法<br>1. 对各小组直播进行问题引导和点评<br>2. 介绍直播复盘的作用<br>3. 指导学员通过直播回顾、数据分析、问题汇总、改进措施四步骤进行直播复盘<br>4. 针对电商类直播介绍直播后交易管理、客服管理以及评价管理的主要内容 | 多媒体投影仪<br>黑（白）板 | 教材第 121～128 页 |
| 15 分钟 | 个人模拟直播练习 | 练习法<br>指导学员选择拟发布的直播商品进行模拟直播，并尝试使用各种功能操作 | 多媒体投影仪 | — |

续表

| 时间 | 内容概述 | 授课方法和教学内容 | 视觉教具 | 相关资料 |
|---|---|---|---|---|
| 10分钟 | 第三方直播准备与策划 | **讲授法/练习法**<br>指导学员以小组为单位，讨论完成第六天第三方真实直播方案 | 活页挂纸 | — |
| 5分钟 | 总结 | **讲授法**<br>回顾本课主要内容及答疑 | 多媒体投影仪 | — |

# 第 10 课 直播推广（上）

**教学目标：**

这堂课结束时，学员能够：

- 了解直播推广的渠道及常见分类。
- 掌握直播推广形式与内容：图文、短视频。
- 理解直播推广常见策略以及直播推广规划应具备的基本要素。
- 完成第三方直播的直播推广规划方案。
- 了解直播推广效果评估的四个核心步骤。

**视觉教具：**

多媒体投影仪、彩色卡纸、黑（白）板。

**授课时间：**

180 分钟（第五天 09：00—12：00）。

| 时间 | 内容概述 | 授课方法和教学内容 | 视觉教具 | 相关资料 |
| --- | --- | --- | --- | --- |
| 5 分钟 | 教学目标综述 | 讲授法<br>阐述本课教学目标及主要内容 | 多媒体投影仪 | 教材第 129 页 |
| 30 分钟 | 直播推广渠道 | 讲授法 / 讨论法<br>1. 讲授直播推广的作用<br>2. 结合案例讲授直播推广渠道的分类<br>3. 引导学员讨论各推广渠道的特点 | 多媒体投影仪<br>彩色卡纸 | 教材第 130～138 页 |
| 60 分钟 | 推广形式与内容 | 讲授法 / 练习法<br>1. 介绍图文类、视频类两类主流的推广形式<br>2. 指导各小组根据图文、视频不同直播形式与内容进行优秀案例的搜集与分享<br>3. 演示图文推广工具使用及制作流程，指导学员完成直播推广海报制作<br>4. 介绍直播推广文案的撰写及 AI 工具的使用技巧 | 多媒体投影仪 | 教材第 138～142 页 |
| 休息 20 分钟 ||||||
| 45 分钟 | 推广策略与规划 | 讲授法 / 案例分析法 / 练习法<br>1. 介绍常见的直播推广策略<br>2. 讲授推广规划的基本要素<br>3. 结合案例介绍直播推广如何规划，并指导学员完成小组第三方直播的直播运营推广方案 | 多媒体投影仪<br>黑（白）板 | 教材第 148～153 页 |

续表

| 时间 | 内容概述 | 授课方法和教学内容 | 视觉教具 | 相关资料 |
|---|---|---|---|---|
| 15分钟 | 推广效果评估 | **讲授法**<br>1. 讲授实施推广效果评估的四个步骤<br>2. 引导学员评估小组推广方案的效果 | 多媒体投影仪 | 教材第154页 |
| 5分钟 | 总结 | **讲授法**<br>回顾本课主要内容及答疑 | 多媒体投影仪 | — |

# 第 11 课　直播推广（中）

**教学目标：**

这堂课结束时，学员能够：

● 了解短视频的常见分类。

● 理解短视频的账号定位方法，能够撰写短视频拍摄脚本。

● 掌握短视频拍摄的基础方法与技巧。

**视觉教具：**

多媒体投影仪、彩色卡纸、黑（白）板、摄影摄像相关辅助工具。

**授课时间：**

180 分钟（第五天 14：00—17：00）。

| 时间 | 内容概述 | 授课方法和教学内容 | 视觉教具 | 相关资料 |
| --- | --- | --- | --- | --- |
| 5 分钟 | 教学目标综述 | 讲授法<br>阐述本课教学目标及主要内容 | 多媒体投影仪 | — |
| 75 分钟 | 短视频概述 | 讲授法<br>1. 介绍短视频的常见分类及主流爆款思路<br>2. 介绍短视频策划的个人账号定位<br>3. 介绍主流短视频平台推流机制<br>4. 结合案例介绍短视频脚本的构成 | 多媒体投影仪<br>黑（白）板 | 教材第142~144 页 |
| 休息 20 分钟 ||||||
| 35 分钟 | 短视频脚本撰写与拍摄 | 讲授法 / 练习法<br>引导学员思考讨论并撰写短视频拍摄脚本，根据脚本完成素材的拍摄，用于下节课的视频剪辑 | 多媒体投影仪<br>摄影摄像相关辅助工具 | 教材第144、145 页 |
| 40 分钟 | 短视频拍摄技巧 | 讲授法 / 练习法<br>1. 介绍短视频拍摄设备，并安排学员准备并熟悉摄影摄像相关辅助工具<br>2. 介绍并现场演示如何选择运用运镜技巧、景别、固定镜头等<br>3. 指导学员使用不同的运镜方式，结合景别、构图等技巧练习拍摄 | 多媒体投影仪<br>摄影摄像相关辅助工具<br>彩色卡纸 | 教材第145 页 |
| 5 分钟 | 总结 | 讲授法<br>回顾本课主要内容及答疑 | 多媒体投影仪 | — |

## 第 12 课　直播推广（下）

**教学目标：**

这堂课结束时，学员能够：

- 了解常见的剪辑工具特点及其优劣势。
- 掌握短视频剪辑技巧以及发布流程。

**视觉教具：**

多媒体投影仪、彩色卡纸、黑（白）板。

**授课时间：**

180 分钟（第六天 09：00—12：00）。

| 时间 | 内容概述 | 授课方法和教学内容 | 视觉教具 | 相关资料 |
| --- | --- | --- | --- | --- |
| 5 分钟 | 教学目标综述 | 讲授法<br>阐述本课教学目标及主要内容 | 多媒体投影仪 | — |
| 20 分钟 | 了解剪辑工具 | 讲授法 / 讨论法<br>1. 通过播放案例视频，组织学员以小组为单位讨论通过剪辑工具达到了哪些效果<br>2. 介绍目前主流的剪辑工具特点及其优劣势 | 多媒体投影仪<br>黑（白）板 | 教材第 147 页 |
| 65 分钟 | 短视频剪辑 | 讲授法 / 练习法<br>1. 演示并练习短视频剪辑工具的基本功能（插入素材、调整比例、添加背景、剪辑长短、剪裁大小）<br>2. 演示并练习短视频剪辑工具的基本操作（音乐、音效、文字、效果、变速等） | 多媒体投影仪<br>彩色卡纸 | — |
| 休息 20 分钟 ||||| 
| 45 分钟 | 短视频剪辑 | 讲授法 / 练习法<br>演示并练习短视频剪辑工具进阶操作（封面图、片尾、关键帧、一键成片、剪同款等） | 多媒体投影仪 | — |
| 20 分钟 | 短视频发布 | 讲授法 / 练习法<br>1. 讲解短视频发布时应考虑的因素<br>2. 指导学员完成一段 15～30 秒的短视频剪辑，并发布 | 多媒体投影仪 | 教材第 148 页 |
| 5 分钟 | 总结 | 讲授法<br>回顾本课主要内容及答疑 | 多媒体投影仪<br>黑（白）板 | — |

# 第13课　第三方直播实践

**教学目标：**

这堂课结束时，学员能够：

● 完成第三方直播实践。

**视觉教具：**

多媒体投影仪、黑（白）板、彩色卡纸、活页挂纸。

**授课时间：**

180分钟（第六天14：00—17：00）。

| 时间 | 内容概述 | 授课方法和教学内容 | 视觉教具 | 相关资料 |
| --- | --- | --- | --- | --- |
| 5分钟 | 教学目标综述 | 讲授法<br>阐述本课教学目标及主要内容 | 多媒体投影仪 | — |
| 120分钟 | 直播实践 | 练习法<br>1. 小组自行进行开播前准备工作<br>2. 学员结合直播项目搭配直播场景，每组完成不少于60分钟第三方平台直播实践 | 多媒体投影仪<br>黑（白）板<br>彩色卡纸<br>活页挂纸 | — |
| 休息20分钟 | | | | |
| 30分钟 | 直播复盘 | 练习法<br>1. 小组进行直播复盘与经验分享<br>2. 讲师进行第三方直播总结 | 多媒体投影仪<br>彩色卡纸<br>活页挂纸 | — |
| 5分钟 | 复盘和总结 | 讲授法<br>回顾本课主要内容及答疑 | 多媒体投影仪 | — |

# 第14课　直播运营优化

**教学目标：**

这堂课结束时，学员能够：

- 了解直播运营优化思路。
- 掌握直播运营数据分析与直播运营工作的优化方法。
- 掌握直播运营优化方案实施工具表的使用方法。
- 理解直播规划书的结构和作用，并完成直播规划书的撰写。
- 完成直播实践成果优化。

**视觉教具：**

多媒体投影仪、黑（白）板、彩色卡纸、活页挂纸。

**授课时间：**

180分钟（第七天09：00—12：00）。

| 时间 | 内容概述 | 授课方法和教学内容 | 视觉教具 | 相关资料 |
| --- | --- | --- | --- | --- |
| 5分钟 | 教学目标综述 | 讲授法<br>阐述本课教学目标及主要内容 | 多媒体投影仪<br>彩色卡纸 | 教材第155页 |
| 10分钟 | 直播优化思路 | 讲授法/讨论法<br>1. 讲授直播运营优化流程<br>2. 通过直播案例和复盘数据指导学员如何结合直播运营优化流程开展直播优化 | 多媒体投影仪<br>彩色卡纸<br>活页挂纸 | 教材第155、156页 |
| 20分钟 | 直播运营数据分析 | 讲授法/案例分析法<br>1. 介绍直播运营数据分析的各项指标<br>2. 结合案例讲解直播运营数据分析的方法和工具 | 多媒体投影仪 | 教材第156~163页 |
| 45分钟 | 直播运营工作优化与方案实施 | 讲授法/案例分析法<br>1. 结合案例分析"人、货、场"层面的优化方向<br>2. 结合案例讲解直播运营优化方案实施工具表的使用方法 | 多媒体投影仪 | 教材第163~174页 |

续表

| 时间 | 内容概述 | 授课方法和教学内容 | 视觉教具 | 相关资料 |
|---|---|---|---|---|
| 休息20分钟 | | | | |
| 45分钟 | 直播规划书 | **讲授法/讨论法/练习法**<br>1. 讲解直播规划书的结构和作用<br>2. 结合案例讲解直播规划书的撰写方法<br>3. 指导学员完成直播规划书的撰写 | 多媒体投影仪 | 直播规划书 |
| 30分钟 | 实践成果提交 | **讲授法**<br>1. 指导学员完成实践成果及规划书优化<br>2. 讲解实践成果及规划书提交内容和路径 | 多媒体投影仪 | 实践成果信息登记表 |
| 5分钟 | 总结 | **讲授法**<br>回顾本课主要内容及答疑 | 黑（白）板 | |

# 附　录

## 网络创业培训（直播）术语一览表

| 名称 | 名称解释 |
| --- | --- |
| GMV | 成交总额，指直播活动直接促成的总交易金额（包含付款和未付款订单） |
| ROI | 投资回报率，分为综合ROI（销售额/总成本）和投放ROI（投放产生的销售额/投放费用） |
| 客单价 | 平均每位客户的成交金额，计算公式为：GMV/有消费的客户总数 |
| UV | 独立访客数，即进入直播间的总人数（按IP地址统计） |
| PV | 页面访问次数，同一客户多次进入直播间会重复计算 |
| PCU | 直播间最高在线人数，反映流量峰值期间的实时热度 |
| ACU | 直播间平均在线人数，反映直播间的常态流量水平 |
| 直播间进入率 | 进入直播间的人数与直播间曝光次数的比例，体现了直播间标题、封面等元素对观众的吸引力 |
| 人均观看时长 | 客户在直播间平均停留的时长，反映直播内容的吸引力 |
| 转粉率 | 新增粉丝数占总场观的比例，反映客户对直播间的关注意愿 |
| 互动率 | 包含点赞、评论等行为占比，反映客户参与度 |
| UV价值 | 平均每个访客贡献的销售额，计算公式为：GMV/UV |
| GPM | 千次观看成交额，用于衡量直播间流量变现效率，计算公式为：（GMV/累计观看次数）×1 000 |
| CPC | 每次点击成本，指广告主为客户每次点击广告所支付的费用，常用于衡量广告的精准度和效果 |
| CVR | 转化率，指从点击到实际成交的客户占比，计算公式为：（成交人数/点击人数）×100% |
| 商品点击率 | 商品被点击次数占展示次数的比例，反映商品吸引力 |
| CTR | 广告点击率，计算公式为：（广告实际点击量/广告展示量）×100% |
| eCPM | 千次展示收益，用于评估广告投放效果，计算公式为：（广告收益/展示次数）×1 000 |